TABLEAU DES LIBRAIRES *ET* DES IMPRIMEURS *JURÉS* DE L'UNIVERSITÉ DE PARIS,

AU PREMIER FEVRIER M. DCC. LXXXVII.

A PARIS,

De l'Imprimerie de KNAPEN, Syndic, & KNAPEN Fils.

OFFICIERS EN CHARGE,

DU XI SEPTEMBRE M.DCC.LXXXVI.

LXIe SYNDICAT,

DEPUIS le 9 Juillet 1618, époque du 1er. RÉGLEMENT.

SYNDIC,

M. ANDRÉ-FRANÇOIS KNAPEN, *le Père*, Libraire-Imprimeur, CONSUL, *rue Saint André-des-Arcs*, ... 11 *Septembre* 1786.

Adjoint du 15 Juin 1768, au 5 Juillet 1770.

ADJOINTS,

M. JEAN-LUC NYON, *l'aîné*, Libraire, *rue du Jardinet*, — *Du 23 Juillet 1785.*

M. ANDRÉ-CHARL. CAILLEAU, Libraire-Imprimeur, *rue Gallande*,

M. NICOLAS-AUGUSTIN DELALAIN, *l'aîné*, Libraire, *rue S. Jacques*,

M. JEAN-GAB. MERIGOT, *le jeune*, Libraire, *quai des Augustins*, — *Du 11 Septembre 1786.*

ARCHIVISTE,

M. CHARLES-GUILLAUME LE CLERC, Libraire, ancien Syndic, et ancien Juge-Consul, *quai des Augustins, près la rue Gilles-Cœur*,

Du 17 Mai 1764.

ANCIEN SYNDIC,

M. LECLERC, *du* 18 *Mai* 1780, *au* 11 *Septembre* 1786;

(*Adjoint, du* 15 *Juin* 1762, *au* 4 *Juin* 1766.)

ANCIENS ADJOINTS,

M. DESPREZ, Impr. .	*du* 13 *Juill.* 1753, *au* 15 *Sept.* 1756.
M. ESTIENNE, *l'aîné*, .	*du* 22 *Sept.* 1755, *au* 8 *Août* 1757.
M. VINCENT, ...	*du* 26 *Avril* 1759, *au* 11 *Mai* 1763.
M. ESTIENNE, *le jeune*,	*du* 15 *Juin* 1762, *au* 4 *Juin* 1766.
M. DE LORMEL, Impr.	*du* 7 *Juin* 1767, *au* 7 *Juin* 1769.
M. BABUTY, ...	*du* 15 *Juin* 1768, *au* 5 *Juill.* 1770.
M. DIDOT, *le j.* Impr.	*du* 7 *Juin* 1769, *au* 26 *Juin* 1771.
M. LE CLERC, L.-Fr. M. BROCAS, ...	*du* 5 *Juill.* 1770, *au* 20 *Août* 1772.
M. DIDOT, *l'aîné*, Impr. M. HARDY, ...	*du* 26 *Juin* 1771, *au* 30 *Juin* 1773.
M. SAMSON, ...	*du* 20 *Août* 1772, *au* 3 *Août* 1774.
M. LOTTIN, *le jeune*, . M. CHARDON, Impr. .	*du* 30 *Juin* 1773, *au* 19 *Juill.* 1775.
M. LAMBERT, Impr. . M. HUMBLOT, . . .	*du* 3 *Août* 1774, *au* 3 *Juill.* 1777.
M. DEBURE, G. *l'aîné*,	*du* 19 *Juill.* 1775, *au* 22 *Mars* 1779.
M. DE HANSY, . . .	*du* 3 *Juill.* 1777, *au* 18 *Mai* 1780.
M. DURAND, *le neveu*, M. QUILLAU, *le j.* Impr.	*du* 22 *Mars* 1779, *au* 8 *Août* 1781.
M. FOURNIER, . . . M. VALLEYRE, *le j.* Impr.	*du* 18 *Mai* 1780, *au* 11 *Sept.* 1786.
M. GUEFFIER, Impr. M. BERTON, ...	*du* 8 *Août* 1781, *au* 11 *Sept.* 1786.

ORDRE CHRONOLOGIQUE
DES LIBRAIRES
JURÉS DE L'UNIVERSITÉ DE PARIS.

— 37e SYNDICAT, de M. J.-B.-Christophe BALLARD, du 8 Août 1722, au 8 Mai 1724, (*un an neuf mois.*)

1722. 17 *Octobre.* M. CLAUDE MARTIN, *Doyen de la Communauté,* 1

— 42e SYNDICAT, de M. P.-Aug. LE MERCIER, du 4 Juin 1729, au 25 Juin 1732, (*trois ans vingt-un jours.*)

1730. 8 *Août.* M. Jean-Aug. Grangé, *le père*, *Impr.* 2

— 43e SYNDICAT, de M. Gabriel MARTIN, du 25 Juin 1732, au 5 Juillet 1737, (*cinq ans dix jours.*)

1734. 16 *Février.* M. Antoine Boudet. 3

— 44e SYNDICAT, de M. Simon LANGLOIS, du 5 Juillet 1737, au 14 Novembre 1739, (*deux ans quatre mois neuf jours.*)

1737. 30 *Juillet.* M. Gilles Lamesle, *l'aîné*, *Doyen des Imprimeurs,* 4

— 45e SYNDICAT, de M. Cl.-Marin SAUGRAIN, du 14 Novembre 1739, au 12 Août 1744, (*quatre ans huit mois vingt-neuf jours.*)

1740. 2 *Janvier.* M. Jacques Estienne, *l'aîné*, *anc. Adj.* 5

1740. 14 M. Jacques-Hubert Butard. 6

1741. 3 *Mars.* M. Pierre-Guillaume Cavelier. 7

1741. 7 *Décemb.* M. Guill.-Nicolas Desprez, *Imprimeur ordinaire du Roi*, *ancien Adjoint.* 8

1741. 16 *Décemb.* M. Charles-Guill. Le Clerc, *anc. Syndic, Archiviste, et ancien Juge-Consul.* 9

1742. 20 *Novemb.* M. Charles Robustel. 10

1742. 18 *Décemb.* M. Jacques-François Quillau, *l'aîné,* 11

ORDRE CHRONOLOGIQUE.

1743. 19 *Février.* M. Pierre-Nic. De Lormel, *Imprimeur, ancien Adjoint.* 12
11 *Mai.* M. Jean-Baptiste Despilly, *le père,* 13

— 46e SYNDICAT, de M. Jacques VINCENT, du 12 Août 1744, au 23 Novembre 1746,
(deux ans trois mois onze jours.)

1744. 1 *Sept.* M. Philippe Vincent, *ancien Adjoint,* (GR. PR.) 14

1745. 18 *Décemb.* M. Claude Lamesle, *le jeune,* 15

1746. 15 *Janvier.* M. Joseph-Gérard Barbou, *Imprimeur.* 16
9 *Février.* M. Augustin-Martin Lottin, *l'aîné, Imprimeur du Roi.* 17
15 *Octobre.* M. Robert Estienne, *le jeune, ancien Adjoint, ancien Consul.* 18

— 47e SYNDICAT, de M. Guillaume CAVELIER, du 23 Novembre 1746, au 22 Octobre 1749,
(deux ans onze mois.)

1747. 29 *Juillet.* M. Noël-Jacques Pissot, *le père,* 19
17 *Octobre.* M. ANDRÉ-FRANÇOIS KNAPEN, *le père, Imprimeur,* SYNDIC & CONSUL. 20

1748. 28 *Mai.* M. Antoine-Claude Saugrain, *l'aîné.* 21

1749. 5 *Avril.* M. Michel Lambert, *anc. Adj., Imprim.* 22

— 48e SYNDICAT, de M. Théodore LE GRAS, du 22 Octobre 1749, au 22 Décembre 1751,
(deux ans deux mois.)

1749. 31 *Décemb.* M. J.-B.-Paul Valleyre, *l'aîné, Impr.* 23
M. Jacques Merigot, *l'aîné,* 24

1750. 18 *Septemb.* M. Fr.-Joachim Babuty, *ancien Adjoint,* 25

— 51e SYNDICAT, de M. François DIDOT, du 13 Juillet 1753, au 15 Septembre 1756.
(trois ans deux mois deux jours.)

1753. 14 *Août.* + M. François-Ambroise Didot, *l'aîné, Imprimeur, ancien Adjoint.* 26
M. P.-Fr. Didot, *le jeune, Imprimeur, ancien Adjoint,* 27

ORDRE CHRONOLOGIQUE.

1753. 12 *Octob.* M. André-Charles CAILLEAU, *Impr.* *ADJOINT.* 28
M. Louis-Laurent Prault, *l'aîné*, *Impr.* 29

1754. 17 *Juin.* M. Laurent-Fr. Le Clerc, *anc. Adjoint.* 30
25 *Octob.* M. Paul-Denis Brocas, *anc. Adjoint.* 31

1755. 15 *Mai.* M. Siméon-Prosp. Hardy, *anc. Adjoint.* 32

1756. 1 *Mars* M. Jean-Jacques Samson, *anc. Adjoint.* 33
18 *Juin.* M. Jean-Baptiste-Guillaume Musier. 34
4 *Août.* M. Philippe-Denys Langlois, *le père.* 35
27 M. Louis-Nicolas Prevost. 36

— 51e SYNDICAT, de M. P.-G. LE MERCIER, du 15 Septembre 1756, au 26 Avril 1759,
(deux ans sept mois onze jours.)

1756. 20 *Novemb.* M. Louis Cellot, *Imprimeur.* 37

1758. 28 *Avril.* M. Antoine-Prosper Lottin, *le jeune*, *ancien Adjoint.* 38
22 *Août.* M. Pierre-Franç. Gueffier, *Imprimeur*, *ancien Adjoint.* 39
1 *Septemb.* M. Jean-François-Louis Chardon, *Imprimeur*, *ancien Adjoint.* 40

1759. 14 *Février.* M. Denis Humblot, *ancien Adjoint.* 41

— 52e SYNDICAT, de M. G.-Cl. SAUGRAIN, du 26 Avril 1759, à sa mort le 27 Avril 1762,
(trois ans un jour.)

1759. 18 *Mai.* M. Claude-Marin Saugrain, *le jeune.* 42
M. Guillaume Debure, *l'aîné*, *ancien Adjoint.* 43

1761. 5 *Janvier.* M. Pierre-Et.-G. Durand, *anc. Adjoint.* 44
16 *Juin.* M. Antoine Fournier, *ancien Adjoint.* 45
15 *Septemb.* M. Benoît Rozet. 46

ORDRE CHRONOLOGIQUE.

— 53e SYNDICAT, de M. André-François LE BRETON, du 15 Juin 1762, au 4 Juin 1766, (*trois ans onze mois douze jours.*)

Année	Date	Nom	N°
1762.	2 *Septemb.*	M. Charles-Joseph Panckoucke.	47
	23	M. Pierre-Alexandre Laureau.	48
1763.	30 *Avril.*	M. François-Augustin Quillau, *le jeune, Imprimeur, ancien Adjoint.*	49
		M. Charles-Pierre Berton, *anc. Adjoint.*	50
	10 *Mai.*	M. Nicolas-François Valleyre, *le jeune, Imprimeur, ancien Adjoint.*	51
		M. Philippe-Denys Pierres, *Premier Imprimeur ordinaire du Roi.*	52
		M. Marcel Prault, *le jeune.*	53
	3 *Septem.*	~~M. Jean-Thomas Hérissant.~~	54
		M. Honoré-Clément de Hansy, *ancien Adjoint.*	55
	17	M. Simon Gibert.	56
1764.	21 *Février.*	M. François-Guillaume Deschamps.	57
	17 *Mai.*	M. Pierre Vente.	58
	7 *Août.*	M. Nicolas-Augustin DELALAIN, *l'aîné,* ADJOINT.	59
	1 *Décemb.*	M. Pierre-Denys Couturier, *Imprimeur.*	60
1765.	12 *Janvier.*	M. Jacques-Gabriel Vatar.	61
	21 *Mars.*	M. Jean-Luc NYON, *l'aîné,* ADJOINT.	62
	29	M. Jean-Franç. Debure de S. Fauxbin.	63
	7 *Mai.*	M. Nicolas-Léger Moutard, *Imprim.*	64
	14	M. Claude Bleuet, *le père.*	65
	23 *Novemb.*	M. Jacques Lacombe.	66
	17 *Décemb.*	M. Jean-Gabriel MERIGOT, *le jeune,* ADJOINT.	67

ORDRE CHRONOLOGIQUE.

Année	Date	Nom	N°
1766.	2 *Mai.*	M. Jean-Claude Molini.	68
	27	M. Gaspard-Théodore le Gras.	69

— 54e SYNDICAT, de M. Louis-Etienne GANEAU, du 4 Juin 1766, au 15 Juin 1768,

(*deux ans onze jours.*)

Année	Date	Nom	N°
1766.	13 *Juin.*	M. Pierre-François Durand, *l'aîné.*	70
		M. Claude Simon, *Imprimeur.*	71
	17 *Octobre*	M. Guillaume-Paschal Prault.	72
	19 *Décemb.*	M. Robert-Marc Despilly, *le fils.*	73
1767.	3 *Février.*	M. Jacques-Gabr. Clousier, *Imprimeur.*	74
	29 *Mai.*	M. Pierre-Rob.-Christ. Ballard, *Impr. concurremment avec Mme sa mère.*	75
	4 *Octob.*	M. Jacques Marchand.	76
		M. Louis-Charles Desnos.	77
		M. René-François Fétil.	78
		M. Pierre-Etienne Dubois, *le père.*	79
		M. Jacques-François Pyre.	80
		M. Robert Ségaud.	81
		M. Pierre Gauguery.	82
	5 *Décemb.*	M. Edme-Jean Lejay, *le père.*	83
1768.	9 *Janvier.*	M. Louis-François Barrois, *l'aîné.*	84
	1 *Février.*	M. Jean-Pierre Pillot.	85
	29 *Mars.*	M. Etienne Lemoine.	86
	19 *Avril.*	M. Laurent-Noël Pissot, *le fils.*	87

— 55e SYNDICAT, de M. Antoine-Claude BRIASSON, du 15 Juin 1768, au 5 Juillet 1770,

(*deux ans vingt-un jours.*)

Année	Date	Nom	N°
1768.	9 *Août.*	M. Pierre-Merry Delaguette, *Impr.*	88
	23	M. Antoine Prevost.	89
	26	M. Guillaume-Luc Bailly.	90
	11 *Octob.*	M. Charles Guillaume.	91

ORDRE CHRONOLOGIQUE.

Année	Date	Nom	N°
1769.	17 *Février.*	M. Jean-Pierre Costard.	92
	15 *Juin.*	M. Claude-Antoine Jombert, *l'aîné.*	93
	4 *Juillet..*	M. Franç.-Jean-Noël Debure, *le jeune, Imprimeur, concurremment avec Mme d'Houry, sa belle-mère.*	94
	1 *Septemb.*	M. Ant.-Guenard de Monville, *Impr.*	95
	4 *Octobre.*	M. André-Georges Dupuis.	96
1770.	3 *Juillet.*	M. Michel Le Boucher.	97

— 56e SYNDICAT, de M. J. Th. HERISSANT, du 5 Juillet 1770, à sa mort 2 Août 1772, (*deux ans un mois quinze jours.*)

Année	Date	Nom	N°
1770.	28 *Septemb.*	M. Jean-Gabriel Cressonier.	98
	26 *Octobre.*	M. François-Hubert Monory.	99
1771.	23 *Février.*	M. Claude-Jacques-Charles Durand.	100
	3 *Mai.*	M. Jean-Baptiste Bastien.	101
	17 *Décemb.*	M. Louis Jorry, *Imprimeur.*	102
	23	M. Jacques-François Froullé.	103
1772.	6 *Mars.*	M. Eugene Onfroy, (*GR. PR.*)	104
	7 *Avril.*	M. Jean-Georg.-Ant, Stoupe, *Impr.*	105
	17 *Juin.*	M. Nicolas Ruault.	106

— 57e SYNDICAT, de M. Ch. Ant. JOMBERT, du 20 Août 1772, au 5 Août 1774, (*deux ans onze mois cinq jours.*)

Année	Date	Nom	N°
1772.	4 *Septemb.*	M. J.-A. Durand du Fresnoy, *le jeune.*	107
	13 *Octobre.*	M. Louis-Alex. Jombert, *le jeune.*	108
		M. Nicolas Savoye.	109
	5 *Novemb.*	M. Benoît Morin.	110
1773.	5 *Mars.*	M. Pierre-Michel Nyon, *le jeune.*	111
	16 *Juillet.*	M. Jean-François Colas.	112
	31 *Août,*	M. Antoine Santus, *le père.*	113
		M. Jean-Baptiste Fournier.	114
	18 *Septemb.*	M. Jean-Charles Colombier.	115
	22 *Décemb.*	M. Pierre-Théophile Barrois, *le jeune.*	116

ORDRE CHRONOLOGIQUE.

Année	Date	Nom	N°
1773.	23 *Décemb.*	M. Pierre-Etienne Dubois, *le fils.*	117
	31	M. J.-B.-F. Née de la Rochelle. (*G.P.*)	118
1774.	8 *Janvier.*	M. Cl.-Charl. Méquignon, *le jeune.*	119
		M. Robert-André Hardouin.	120
	15 *Avril.*	M. Jean-Baptiste Gobreau.	121
	20 *Mai.*	M. Jean-Didier Dorez.	122
	15 *Juillet.*	M. Edme-Marie-Pierre Désauges.	123

51e SYNDICAT, de M. Charles SAILLANT, du 3 Août 1774, au 3 Juillet 1777, (*deux ans onze mois.*)

Année	Date	Nom	N°
1775.	23 *Mai.*	M. Augustin-Jérôme Brun.	124
	5 *Septemb.*	M. Nicolas-Henry Nyon, *le 3me. Imprimeur.*	125
	15	M. Louis-Jean La Cloye.	126
1776.	26 *Avril.*	M. Jean-Charles Desaint, *Imprimeur.*	127
	7 *Juin.*	M. Ant.-Louis-G. C. Laporte, *Impr.*	128
	31 *Décemb.*	M. Victor Dessenne.	129
1777.	10 *Mars.*	M. François Belin.	130
		M. Venant-Roch Moureau.	131
	15 *Mars.*	M. Denis Volland.	132
	21	M. Achille-Maximin-Philogone Knapen, *le fils*, (*Gr. Pr.*) *Impr. concurremment avec M. son père.*	133
		M. Thomas Brunet.	134
	25	M. Louis-Alex. Delalain, *le jeune.*	135
	6 *Mai.*	M. Jean-Jacq.-Denis Valade, *Impr. sans exercice.*	136
	16	M. Jacques-Philibert Santus, *le fils.*	137
		M. Nicol.-Touss. Méquignon, *l'aîné.*	138
		M. Jean-Antoine Bleuet, *le fils aîné.*	139
		M. Paul-Denys Méquignon, *le 3e.*	140

ORDRE CHRONOLOGIQUE.

Année	Date	Nom	N°
1777.	27 *Mai.*	M. François-Jean Baudouin, *Impr. concurremment avec M. Lambert.*	141
		M. Nicolas-Noël-Henri Tilliard.	142
		M. Michel Sorin.	143
	30	M. Pierre-Michel Lamy.	144
	13 *Juin.*	M. Pierre-Laurent Prault.	145
		M. Julien-Augustin Grangé, *le fils.*	146
		M. Jean-Louis Serveron.	147
		M. Jean Hilaire.	148

— 59e SYNDICAT, de M. Aug.-Mart. LOTTIN, l'aîné, du 3 Juillet 1777, au 18 Mai 1780,
(deux ans dix mois quinze jours.)

Année	Date	Nom	N°
1777.	22 *Juillet.*	M. Claude-Antoine Lesclapart.	149

— 60e SYNDICAT, de M. Charles-Guillaume LE CLERC, du 18 Mai 1780, au 11 Septembre 1786,
(six ans trois mois vingt-quatre jours.)

Année	Date	Nom	N°
1780.	12 *Septemb.*	M. Jean-Baptiste-François Raucourt.	150
1781.	30 *Novemb.*	M. Jean-Baptiste-Nicolas Crapart.	151
1782.	22 *Janvier.*	M. Jean-François-Hubert Guillot.	152
	30 *Mars.*	M. Jean Servieres.	153
	16 *Avril.*	M. Louis-Emmanuel Regnault.	154
1783.	11 *Avril.*	M. Laurent-François Prault.	155
	29	M. Jacques-Denis Langlois.	156
	19 *Août.*	M. André-Medard Gastelier.	157
	25 *Novemb.*	M. Louis-Henri Perisse.	158
1784.	7 *Mai.*	M. J.-R. Lottin de Saint-Germain, *Impr. concurremment avec M. Lottin, l'aîné.*	159
	22 *Juin.*	M. Pierre-Jacques Duplain.	160
	27 *Juillet.*	M. Gaspard-Joseph Cuchet.	161

ORDRE CHRONOLOGIQUE.

Année	Date	Nom	N°
1784.	5 *Octobre.*	M. Pierre-François Bleuet, 2me *fils.*	162
	7 *Décemb.*	M. François-Charles Gattey.	163
1785.	12 *Avril.*	M. Antoine-Louis-Agnès Varin.	164
	27 *Mai.*	M. Jean-Jacques Devéria.	165
	14 *Juin.*	M. Pierre Plassan.	166
	15 *Juillet.*	M. François Buisson.	167
	26	M. Louis-Laurent-Edme Lejay, *le fils.*	168
	29	M. Claude-Poinçot.	169
	2 *Août.*	M. Jean Cussac.	170
	26	M. Vincent Petit.	171
	8 *Novemb.*	M. Laurent-Mathieu Guillaume.	172
	11	M. Mathieu-Laurent.	173
	16 *Décemb.*	M. Pierre Didot, *fils aîné.*	174
	30	M. Pierre Le Roy.	175
1786.	10 *Février.*	M. André Louette.	176
	21 *Avril.*	M. Pierre-Lucien Visse.	177
	26 *Juillet.*	M. Louis-Nicolas-Victor Lallemant de Sancières.	178
		M. Siméon Bacot.	179
	11 *Août.*	M. Hubert-Michel Lecomte.	180
	22	M. Louis-Marie Cellot, *le fils.*	181
	1 *Septemb.*	M. Charles-François Caille.	182

— 61e SYNDICAT, de M. André-François KNAPEN, du 11 Septembre 1786, au

Année	Date	Nom	N°
1786.	3 *Octobre.*	M. André Croullebois.	183
	24 *Novemb.*	M. Jean-François Royez.	184
	9 *Décem.*	M. Michel-Daniel Letellier.	185
		M. François-Augustin Leclerc.	186
	12	M. Jean Fabre.	187
		M. Jean Lagrange.	188

ORDRE CHRONOLOGIQUE
DES VEUVES DES LIBRAIRES
JURÉS DE L'UNIVERSITÉ DE PARIS.

MESDAMES LES VEUVES de

Année	Date	Nom	N°
1721.	16 *Décemb.*	M. CLAUDE-SEBASTIEN RAVENEL.	192
	30	M. Dominique-Louis Vatel.	193
1722.	12 *Juin.*	M. Jean-Luc Nyon, *ancien Adjoint.*	194
1726.	3 *Mai.*	M. Théodore De Hansy, *le père.*	195
	21	M. Jean-Thomas Hérissant, *Impr. ordinaire du Roi, des Cabinet, Maison & Bâtimens de S. M. ancien Syndic, & ancien Consul.*	196
1728.	8 *Avril.*	M. Laurent-Charles Guillaume.	197
1729.	14 *Janvier.*	M. Jean-Barthelemi Alix.	198
1734.	16 *Février.*	M. Marie-Jacq. Barrois, *ancien Adj.*	199
1735.	4 *Mars.*	M. Claude-Charles Thiboust, *Impr. du Roi, ancien Adjoint.*	200
	23 *Décemb.*	M. Charles De Poilly.	201
1737.	26 *Mars.*	M. Claude-Pierre Gueffier.	202
1739.	13 *Mars.*	M. Denis-Antoine Pierres.	203
1740.	2 *Janvier.*	M. Claude-Jean-B. Hérissant, *Impr.*	204
1741.	14 *Janvier.*	M. Laurent-Charles d'Houry, *Imprim. de M. le Duc d'Orléans, ancien Adjoint & ancien Consul.*	205
	10 *Avril.*	M. Christ.-Jean-François Ballard, *seul Imprimeur du Roi pour la Musique.*	206

ORDRE CHRONOLOGIQUE.

ORDRE ALPHABÉTIQUE

DES LIBRAIRES ET DES IMPRIMEURS JURÉS DE L'UNIVERSITÉ DE PARIS,

Avec l'indication de leur Demeure, & l'année de leur Réception.

MESSIEURS,

B.

BABUTY, *rue des Grands Augustins*, 1750.
Bacot, *rue S. Etienne-des-Grès*, 1786.
Bailly, *rue Saint-Honoré*, 1768.
Ballard, *rue des Mathurins*, 1767.
Barbou, *rue des Mathurins*, 1746.
Barrois, (Louis-François) l'aîné, *quai des Augustins*, 1768.
Barrois (Pierre-Théophile) le jeune, *quai des Augustins*. 1773.
Bastien, *rue des Mathurins*, 1771.
Baudouin, *rue de la Harpe*, 1777.
Belin, *rue Saint-Jacques*, 1777.
Belin, *junior, quai des August.* 1787.
Berton, *rue Saint-Victor*, 1763.
Bleuet, (Claude) le père, *Pont Saint-Michel*, 1765.
Bleuet (Jean-Antoine) le fils aîné, *rue de la Barillerie, vis-à-vis le Palais*, 1777.
Bleuet (Pierre-François) le fils jeune, *au Havre*, 1784.
Boudet, *rue Saint-Jacques*, 1734.
Brocas, *rue Saint-Jacques*, 1754.
Brun, *à Nantes*, 1775.
Brunet, *rue Marivaux, près la Comédie Italienne*, 1777.
Buisson, *rue des Poitevins*, 1785.
Butard, *rue Saint-Jacques*, 1740.

C.

Caille, *rue des Anglais*, 1786.
Cailleau, *rue Gallande*, 1753.
Cavelier, *à Vernon*, 1741.
Cellot, (Louis) le père, *rue des Grands Augustins*, 1756.
Cellot, (Louis-Marie) le fils, *chez M. son Père*, 1786.
Chardon, *rue de la Harpe*, 1758.
Clousier, *rue de Sorbonne*, 1767.
Colas, *Place de Sorbonne*, 1773.
Colombier, *rue des Mathurins*. 1773.

ORDRE ALPHABETIQUE.

MESSIEURS.

Costard, ... 1769.

Couturier, *quai des Augustins*, 1764.

Crapart, *rue d'Enfer Saint Michel*, 1781.

Cressend, *rue Saint Etienne-des-Grès*, 1787.

Cressonnier, *à Chaumont en Bassigny*, 1770.

Croullebois, *rue des Mathurins*, N°. 32. 1786.

Cuchet, *rue Serpente*, 1784.

Cussac, *rue Saint Benoît*, 1785.

D.

Debure, (Guillaume) l'aîné, *rue Serpente*, 1759.

Debure de Saint-Fauxbin, (Jean-François) *rue de Savoie*, 1765.

Debure, (François-Jean-Noël) le jeune, *rue Haute-Feuille*, 1769.

De Hansy, *rue de la Juiverie*, 1763.

Delaguette, *rue de la Vieille-Draperie*, 1768.

Delalain, (Nicolas-August.) l'aîné, *rue Saint Jacques*, 1764.

Delalain, (Louis-Alex.) le jeune, *rue Saint-Jacques*, 1777.

De Lormel, *rue du Foin-Saint-Jacques*, 1743.

De Monville, *voyez* Guenard.

Desaint, *rue Saint Jacques*, 1776.

Désauges, *rue Saint Louis, près du Palais*. 1774.

Deschamps, *rue S.-Jacques*, 1764.

Desnos, *rue Saint-Jacques*, 1767.

Despilly, (Jean-Bapt.) le père, *rue Saint-Jacques*, 1743.

Despilly, (Robert-Marc) le fils, *à Nantes*, 1766.

Desprez, *rue Saint-Jacques*, 1741.

Dessenne, *au Palais Royal*, 1776.

Devéria, *Fauxb. S. Jacques*, 1785.

Didot, (François-Ambroise) l'aîné, *rue Pavée-Saint-André*, 1753.

Didot, (Pierre-François) le jeune, *quai des Augustins*, 1753.

Didot, (Pierre) fils aîné de l'aîné, *rue Dauphine*, 1785.

Dorez, *rue S. André-des-Arcs, au coin de celle de l'Eperon*, 1774.

Dubois, (Pierre-Etienne) le père, *rue de l'Hirondelle*, 1767.

Dubois, (Pierre-Et.) le fils, 1773.

Duplain, *Cour du Commerce*, 1784.

Dupuis, (André-Georges) *rue Jacob*, 1769.

Durand, (Pierre-Etienne-Germain) le neveu, *rue Gallande*, 1761.

Durand, (Pierre-François) l'aîné, *chez M. Durand, rue du Foin-Saint-Jacques*, 1766.

Durand, (Claude-Jacques-Charl.) *rue du Foin Saint-Jacques*, 1771.

Durand du Fresnoy, (Jean-August.) le jeune, *place de Sorbonne*, 1772.

ORDRE ALPHABETIQUE.

MESSIEURS.

E.

Estienne, (Jacques) l'aîné, *rue Saint-Jacques*, 1740.

Estienne, (Robert) le jeune, *rue Saint-Jacques*, 1746.

F.

Fabre, *Pont Saint-Michel*, 1786.

Fétil, *Cloître Saint Benoît*, 1767.

Fournier, (Antoine) *rue du Hurepoix*, 1761.

Fournier (Jean-Baptiste) *rue Haute-Feuille*, 1773.

Froullé, *quai des Augustins*, 1771.

G.

Gastelier, *Parvis Notre-Dame*, 1783.

Gattey, *au Palais Royal*, 1784.

Gauguery, *rue Saint-Benoît*, 1767.

Gibert, *rue de Sève*, 1763.

Gobreau, *quai des Augustins*, 1774.

Grangé, (Jean-Augustin) le père, *rue de la Parcheminerie*, 1730.

Grangé, (Julien-Augustin) le fils, *quai de Gèvres*, 1777.

Gueffier, *rue de la Harpe*, 1758.

Guenard de Monville, *rue Christine*, 1769.

Guillaume, (Charles) *place du Pont Saint-Michel*, 1768.

Guillaume, (Laurent - Matthieu) *au Palais*, 1785.

Guillot, *rue Saint-Jacques*, 1782.

H.

Hardouin, *au Palais Royal*, 1774.

Hardy, *rue Saint Jacques*, 1755.

Hérissant, *chez Mme sa mère, rue de la Parcheminerie*, 1763.

Hilaire, *passage des Jacobins*, 1777.

Humblot, *rue Saint-Jacques*, 1759.

J.

Jombert, (Claude-Antoine) l'aîné, *rue Dauphine*, 1769.

Jombert, (Louis - Alexandre) le jeune, *rue Dauphine*, 1772.

Jorry, *rue de la Huchette*, 1771.

K.

Knapen, (André-François) le père, *rue Saint-André-des-Arcs*, 1747.

Knapen, (Achille-Max.-Philogone) le fils, *chez M. son père*, 1777.

L.

La Cloye, *rue du Monceau Saint-Gervais*, 1775.

Lacombe, *rue de Bourbon-Villeneuve*, 1765.

Lagrange, *rue Saint Honoré, vis-à-vis le Lycée*, 1786.

Lallemant de Sancières, *rue Saint Honoré, au coin de la rue du Coq*, 1786.

ORDRE ALPHABETIQUE.

MESSIEURS.

Lambert, *rue de la Harpe*, 1749.
Lamesle, (Gilles) l'aîné, *Hôtel de Bretonvilliers*, 1737.
Lamesle, (Claude) le jeune, *à Avignon*, 1745.
Lamy, *quai des Augustins*, 1777.
Langlois (Philippe-Denis) le père, *rue du Petit-Pont*, 1756.
Langlois (Jacques-Denis) le fils, *rue du Marché-Palu*, 1783.
Laporte, *rue des Noyers*, 1776.
Laureau, *à Arras*, 1762.
Laurent, *rue de Tournon*, 1785.
Le Boucher, *quai de Gêvres*, 1770.
Le Clerc, (Charles-Guillaume) *quai des Augustins*, 1741.
Le Clerc, (Laurent-François) *quai de l'Horloge*, 1754.
Leclerc, *rue Saint Martin, près celle aux Ours*, 1786.
Lecomte, *au Louvre*, 1786.
Lefevre-Sordet, *rue des Fossés Saint Germain-des-Prés*, 1787.
Le Gras, *quai de Conti*, 1766.
Lejay, (Edme-Jean) le père, *rue Neuve des Petits-Champs*, 1767.
Lejay, (Louis-Laurent-Edme) le fils, *rue de l'Echelle*, 1785.
Le Moine, *Port au Bled*, 1768.
Le Roy, *rue Saint Jacques*, 1785.
Lesclapart, *rue du Roule*, 1777.
Letellier, *quai des Augustins*, 1786.
Lottin, (Augustin-Martin) l'aîné, *rue Saint André-des-Arcs*, 1746.
Lottin, (Antoine-Prosper) le jeune; *rue de la Bourbe*, 1758.
Lottin de Saint-Germain, *rue Saint-André des Arcs*, 1784.
Louette, *Passage Saint Germain-l'Auxerrois*, 1786.

M.

Marchand, *rue Croix des Petits-Champs*, 1767.
Martin, *rue Saint Jacques*, 1722.
Méquignon, (Nic-Touss.) l'aîné, *rue des Cordeliers*, 1777.
Méquignon, (Claude-Charles) le jeune, *au Palais*, 1774.
Méquignon, (Paul-Denis) le 3e, *rue de la Harpe, près de la Place de Sorbonne*, 1777.
Mérigot, (Jacques) l'aîné, *Boulevard Saint-Martin*, 1749.
Mérigot, (Jean-Gabriel) le jeune, *quai des Augustins*, 1765.
Molini, *rue Mignon*, 1766.
Monory, *rue des Fossés Saint Germain-des-Prés*, 1770.
Morin, *rue Saint-Jacques*, 1772.
Moureau, *rue Jacob*, 1777.
Moutard, *rue des Mathurins*, 1765.
Musier, *rue Pavée S. André*, 1756.

ORDRE ALPHABETIQUE.

MESSIEURS.

N.

Née de la Rochelle, *rue du Hurepoix*, 1773.

Nyon, (Jean-Luc) l'aîné, *rue du Jardinet*, 1765.

Nyon, (Pierre-Michel) le jeune, *place des Quatre-Nations*, 1773.

Nyon, (Nicolas-Henri) le 3e, *rue Mignon*, 1775.

O.

Onfroy, *rue du Hurepoix*, 1772.

P.

Panckoucke, *rue des Poitevins*, 1762.

Périsse, *Pont Saint Michel*, 1783.

Petit, *rue de la Barillerie*, 1785.

Pierres, *rue Saint-Jacques*, 1763.

Pillot, *à Villiers-le-Bel*, 1768.

Pissot (Noel-François) le père, *quai des Augustins*, 1747.

Pissot, (Laurent-Noël) le fils, *chez M. son Père*, 1768.

Plassan, *rue des Poitevins*, 1785.

Poinçot, *rue de la Harpe*, 1785.

Prault (Louis-François) l'aîné, *quai des Augustins*, 1753.

Prault, (Marcel) le jeune, *rue Traversine Saint Honoré*, 1763.

Prault, (Guillaume-Pascal) 1766.

Prault (Pierre-Laurent) *quai des Augustins*, 1777.

Prault, (Laurent-François) *quai de Gêvres*, 1783.

Prevost, (Louis-Nicolas) *quai des Augustins*, 1756.

Prevost, (Antoine) *rue de la Harpe*, 1768.

Pyre, *rue de la Harpe*, 1767.

Q.

Quillau, (Jacques-François) l'aîné, *rue Christine*, 1742.

Quillau (François-Augustin) le jeune, *rue du Fouarre*, 1763.

R.

Raucourt, *à Charleville*, 1780.

Regnault, *rue Saint-Jacques*, 1782.

Robustel, *rue Saint Jacques*, 1742.

Royez, *quai des Augustins*, 1786.

Rozet, *rue Saint-Sauveur*, 1761.

Ruault, *vieille rue du Temple*, 1772.

S.

Samson, *quai des Augustins*, 1756.

Santus, (Antoine) le père, *quai des Augustins*, 1773.

Santus, (Jacques-Philibert) le fils, *chez M. son père*, 1777.

Saugrain, (Antoine-Claude) l'aîné, *rue du Jardinet*, 1748.

Saugrain, (Claude-Marin) le jeune, *rue Pavée-Saint-André*, 1755.

ORDRE ALPHABETIQUE.

MESSIEURS.

Savoye, *rue Saint-Jacques*, 1772.

Ségaud, *quai de Gêvres*, 1767.

Serveron, *rue des Mathurins*, 1777.

Servieres, *rue Saint-Jean de Beauvais*, 1782.

Simon, *rue Saint Jacques*, 1766.

Sorin, *quai des Augustins*, 1777.

Stoupe, *rue de la Harpe*, 1772.

T.

Tilliard, *rue de la Harpe*, 1777.

V.

Valade, *chez Mme sa mère, rue des Noyers*, 1777.

Valleyre (Jean-Bapt.-Paul) l'aîné, *rue de la Vieille Bouclerie*, 1749.

Valleyre, (Nicolas-Franç.) le jeune, *rue Saint-Severin*, 1763.

Varin, *rue du Petit-Pont*, 1785.

Vatar, *passage des Jacobins*, 1765.

Vente, *rue des Anglois*, 1764

Vincent, *rue des Fossoyeurs*, 1744.

Visse, *rue de-la Harpe*, 1786.

Volland, *quai des Augustins*, 1777.

ORDRE ALPHABÉTIQUE
DES VEUVES DES LIBRAIRES
JURÉS DE L'UNIVERSITÉ DE PARIS,

Avec l'indication de leur Demeure, & l'année de la Réception de leurs Maris.

MESDAMES LES VEUVES de MM.

A.

ALIX, *Cloître Saint Benoît*, 1729.

B.

Ballard, *rue des Mathurins*, 1741.
Barrois, *quai des Augustins*, 1734.
Bichois, *rue du Marché Palu*, 1767.
Brocas, l'aîné, *rue d'Orléans, fauxbourg Saint-Marceau.* 1747.

C.

Couturier, le père, *rue des Poulies*, 1764.

D.

Debure, (Guillaume-François) *rue de Savoie*, 1753.
De Hansy, (Théodore) le père, *rue Basse des Ursins*, 1726.
De Hansy, (Louis Guillaume) le fils aîné, *rue Sainte-Croix de la Bretonnerie*, 1760.
Delévaque, *rue des Amandiers*, 1767.
Depoilly, *quai de Gêvres*, 1735.
Desaint, *rue du Foin Saint Jacques*, 1759.
D'Houry, *rue Haute-Feuille*, 1741.
Duchesne, *rue S.-Jacques*, 1751.

E.

Esprit, *au Palais Royal*, 1773.

F.

Fosse, *rue des Amandiers*, 1753.

G.

Gauthier, *Passage Saint Thomas du Louvre*, 1736.
Gogué, *rue Saint Antoine*, 1761.
Gueffier, (Claude-Pierre) *rue Gallande*, 1737.
Gueffier, (Richard-Simon) *rue Croix des Petits-Champs*, 1774.
Guillaume, (Laurent-Charles) le père, *quai Pelletier*, 1728.
Guillyn, *rue des Marmousets*, 1742.

ORDRE ALPHABETIQUE.

MESDAMES LES VEUVES de MM.

H.

Hérissant, (J.-Thomas) *rue de la Parcheminerie*, 1726.

Hérissant, (Claude-J.-B.) *rue Neuve Notre-Dame*, 1740.

L.

Lesclapart, *quai de Gêvres*, 1750.

Limousin, *au Palais Royal*, 1764.

N.

Nyon, *rue Mignon*, 1722.

P.

Pierres, *rue Mouffetard*, 1739.

Poirée, *au Palais*, 1767.

Prault, (Laurent) *chez M. Prault, l'aîné, quai des Augustins*, 1752.

R.

Ravenel, *à Saint Germain-en-Laye*, 1721.

Robin, *passage du Saumon*, 1764.

T.

Thiboust, *place de Cambray*, 1735.

Tilliard, *rue de la Harpe*, 1747.

V.

Valade, *rue des Noyers*, 1773.

Vallat-la-Chapelle, *au Palais*, 1759.

Vatel, *quai de Gêvres*, 1721.

ORDRE CHRONOLOGIQUE
DES XXXVI
IMPRIMEURS-LIBRAIRES
JURÉS DE L'UNIVERSITÉ DE PARIS.

Cette marque = *signifie* au lieu de.

1739. 6 *Février.* M. GILLES LAMESLE *l'aîné*, Doyen des Imprimeurs (= *Jean-Baptiste*, son père) *rue & hôtel de Bretonvilliers.* 1

1743. 10 *Décemb.* M. *Guill-Nicolas* Desprez, (= *Guill.* son père) *ancien Adjoint, rue S.-Jacques.* 2

1749. 18 *Juillet.* M. *André-François* KNAPEN, *le père*, (= sa mère (femme d'*André*) et *J.-Fr.* Robustel) *SYNDIC & CONSUL, rue Saint André-des-Arcs.* 3

M. *Achille-Maximin-Philogone* Knapen, pour exercer concurremment avec M. son père, *rue Saint André-des-Arcs*, (18 Février 1783.)

1750. 6 *Octobre.* M. *Joseph-Gérard* Barbou, (= Ve *J. B. Christophe* Ballard et Ve *Joseph* Barbou) *rue des Mathurins.* 4

1752. 3 *Août.* M. *Augustin-Martin* Lottin, *l'aîné*, (= *Jean-Bapt.* Coignard) *rue Saint-André-des-Arcs.* 5

M. *Jean-Roch* Lottin de Saint-Germain, pour exercer concurremment avec M. Lottin l'aîné, *rue Saint André-des-Arcs*, (3 Août 1784).

ORDRE CHRONOLOGIQUE.

1754. 28 *Juin.* M. *Jean-Augustin* Grangé, *le père*, (= Ve *Christophe* David et *J. B.* Gonichon) *rue de la Parcheminerie.* 6

1757. 1 *Juillet.* M. *François-Ambroise* Didot, *l'aîné*, (= *François*, son père) *anc. Adjoint*, *rue Pavée Saint André-des-Arcs.* 7

1758. 13 *Octobre.* M. *Michel* Lambert, (= Ve *Jacq.-Fr.* Grou) *anc. Adjoint*, *rue de la Harpe.* 8

M. *F.-J.* Baudouin, pour exercer concurremment avec M. Lambert, *rue de la Harpe.* (8 Fév. 1782).

1759. 24 *Avril.* M. *Pierre-Nicolas* De Lormel (= Ve *François* Delaguette) *ancien Adjoint*, *rue du Foin Saint Jacques.* 9

1760. 11 *Mars.* M. *Louis* Cellot (= *Charles-Antoine* Jombert) *rue des Grands Augustins.* 10

1761. 20 *Janvier.* M. *Jean-Baptiste-Paul* Valleyre, *l'aîné*, (= *Henri-Simon Pierre* Gissey) *rue de la Vieille Bouclerie.* 11

1762. 26 *Juin.* M. *J-Fr.-Louis* Chardon, (= *Jacques*, son père) *ancien Adjoint*, *rue de la Harpe.* 12

1764. 1 *Mars.* M. *Nicolas-François* Valleyre, *le jeune*, (= Ve *J.-B.* Lamesle) *ancien Adjoint*, *rue Saint-Severin.* 13

1764. 3 *Juillet.* M. *Franç.-Augustin* Quillau, *le jeune*, (= sa mère, femme de *Gabriel Franç.*) *ancien Adjoint*, *rue du Fouare.* 14

1768. 15 *Juillet.* M. *Philippe-Denis* Pierres, (= *Pierre-Gilles* Le Mercier) *rue Saint-Jacques.* 15

ORDRE CHRONOLOGIQUE.

1772.	17 *Mars.*	M. *Louis* Jorry, (= *Sébastien*, son père) *rue de la Huchette.*	16
	14 *Avril.*	M. *Claude* Simon, (= sa mère, femme de *Claude-François*) *rue S. Jacques.*	17
	19 *Mai.*	M. *André-Charles* CAILLEAU, (= *Gabriel* Valleyre père) *Adjoint, rue Gallande.*	18
1773.	18 *Mai*	M. *Pierre-François* Gueffier, (= *Charles-Etienne* Chénault) *ancien Adjoint, rue de la Harpe.*	19
	24	M. *Pierre-Merry* Delaguette, (= *Jean* Lamesle) *rue de la Vieille Draperie.*	20
	27	M. *Jacques-Gabriel* Clousier, (= *Pierre-Alex.* Le Prieur) *rue de Sorbonne.*	21
	13 *Août.*	M. *Jean-Georges-Antoine* Stoupe, (= *André-François* Le Breton) *rue de la Harpe.*	22
1774.	2 *Août.*	M. *Antoine* Guenard de Monville, (= *Jacques-Bernard* Brunet) *rue Christine.*	23
1777.	28 *Janvier.*	M. *Nicolas-Léger* Moutard, (= V[e] de *Charles-Maurice* d'Houry) *rue des Mathurins.*	24
1779.	30 *Mars.*	M. *Pierre-François* Didot, *le jeune*, (= *Philippe* Vincent) *ancien Adjoint, quai des Augustins.*	25
		M. *Jean-Charles* Desaint, (= *Antoine* Boudet) *rue Saint-Jacques.*	26
1781.	13 *Février.*	M. *Louis-François* Prault, (= *Laurent-François*, son père) *quai des Augustins.*	27

1782. 31 *Août.* M. *Pierre - Denis* Couturier, *le fils*, (= *Denis - Clément*, son père) *quai des Augustins.* 28

M. *Nicolas - Henri* Nyon, (= *Pierre-Guillaume* Simon) *rue Mignon*, 29

1783. 26 *Septemb.* M. *Antoine-Louis-Guillaume-Catherine* Laporte, (= *Benoît* Morin) *rue Saint-Jacques.* 30

1785. 13 *Mai.* M. *Jacques-Denis* Valade, *le fils*, pour n'exercer que quand il y aura une Imprimerie vacante, *rue des Noyers.*

MESDAMES LES VEUVES de

1737. 18 *Juin.* M. *Claude - Charl.* Thiboust (= *Claude Louis*, son père) *ancien Adjoint, place de Cambray.* 31

1742. 6 *Décemb.* M. *Christophe-Jean-François* Ballard, (= *François - Hubert* Muguet) *rue des Mathurins.* 32

M. *Pierre-Robert-Christophe* Ballard, (pour exercer concurremment avec ladite Mme sa mère) *rue des Mathurins.* (24 Septembre 1779.)

1750. 8 *Mai.* M. *Laurent-Charles* d'Houry, (= *Alexis-Xavier-René* Mesnier, et Ve *Guill.* Valleyre) *ancien Adjoint et ancien Consul, rue Haute-Feuille*, 33

M. *François-Jean-Noel* Debure, *le jeune*, (pour exercer concurremment avec M.lle *d'Houry, sa* belle-mère,) *rue Haute-Feuille.* (1 Déc. 1786.)

1757. 1 *Février.* M. *Claude - Jean - Baptiste* Hérissant (= *Claude-Jean-Baptiste*, son père) *rue Neuve Notre-Dame.* 34

1763. 3 *Septemb.* M. *Jean-Thomas* Hérissant, *le père*, (= Ve de *Jacques* Collombat) *ancien Syndic et ancien Consul, rue de la Parcheminerie.* 35

1778. 11 *Décemb.* M. *Jacques-François* Valade, *le père*, (= M. *Louis - François* Delatour) *rue des Noyers.* 36

PAR Arrêt du Conseil du 5 Décembre 1785, il a été ordonné que les Sieurs HOFFMANN, Père et Fils, seroient reçus à la Chambre Syndicale des Libraires de Paris, en qualité d'*Imprimeurs Polytypes*; et, le 13 Janvier suivant, les Sieurs *Hoffmann* ont été reçus *gratis* aux clauses de n'exercer que l'Imprimerie Polytype.

FONDEURS
EN CARACTÈRES D'IMPRIMERIE.

M. GANDO (Pierre-François) *cloître Saint Julien le Pauvre.* 1
M. Lamesle, (Claude) *à Avignon.* 2
M. Grangé, (Jean-Augustin) le père, *rue de la Parcheminerie.* 3
M. Gillé, (Joseph) *Place de l'Estrapade.* 4
M. De Lormel, (Pierre-Nicolas) *rue du Foin-Saint Jacques.* 5
M. Fournier, (Simon-Pierre) le jeune, *rue des Postes.* 6
M. Joannis (Jacques-Louis) *rue du Mont-Saint-Hilaire,* 7
M. Guyon (Nicolas) *rue du Foin Saint Jacques,* 8
M. Didot (Pierre-François) *quai des Augustins.* 9
M. Didot (François-Ambroise) *rue Pavée, au coin du quai des Augustins.* 10
M. Vafflard (Pierre-Louis) *cloître Saint Benoît.* 11
M. Joly (Maurice-Prosper) *Place de l'Estrapade,* 12
M. Rouquié (Bernard-Noel) *rue de Bièvre.* 13
M. Gando, Fils, (Nicolas-Pierre) *Cloître Saint Julien le Pauvre.* 14
M. de Mailly, *rue Saint Victor, vis-à-vis du Séminaire Saint Nicolas.* 15

MESDAMES LES VEUVES de

M. Hérissant (Jean-Thomas) *rue de la Parcheminerie.* 16
M. Thiboust, (Claude-Charles) *place de Cambray.* 17
M. Capon, (Vincent-Denis) *Cloître Saint Benoît.* 18
M. Fournier, (Jean-François) le jeune, 19
Mlles Fournier, *place de l'Estrapade.* 20

OFFICIERS DE LA COMMUNAUTÉ.

Avocats aux Conseils.

Me Roux, *rue d'Anjou-Dauphine, du* 11 *Mars* 1748.
Me Cochu, *rue des Fossés-Montmartre, du* 6 *Février* 1778.

Commissaire au Châtelet,

Me Berton, *rue Pavée S. Sauveur, près celle Françoise, du* 30 *Novembre* 1781.

Notaire au Châtelet,

Me Etienne, *rue Saint-Jacques, du* 30 *Novembre* 1781.

Procureur au Châtelet,

Me Petit de Monseigle, *rue du Plâtre-S.-Jacques, du* 11 *Avril* 1783.

Pour la transcription des Privileges, Permissions du Sceau & de Police, Cessions, &c. M. *Gobreau*, à la Chambre Syndicale, tous les *Mardis & Vendredis* de l'année, de relevée (du 8 Mai 1780).

Pierre-Charles Chaumont, Clerc de la Communauté, *Du* 27 *Décembre* 1764, *en la Chambre Royale et Syndicale, rue du Foin Saint Jacques.*

M. DCC. LXXXVII.

www.ingramcontent.com/pod-product-compliance
Ingram Content Group UK Ltd.
Pitfield, Milton Keynes, MK11 3LW, UK
UKHW020523180726
13839UKWH00005B/2278